AF465686

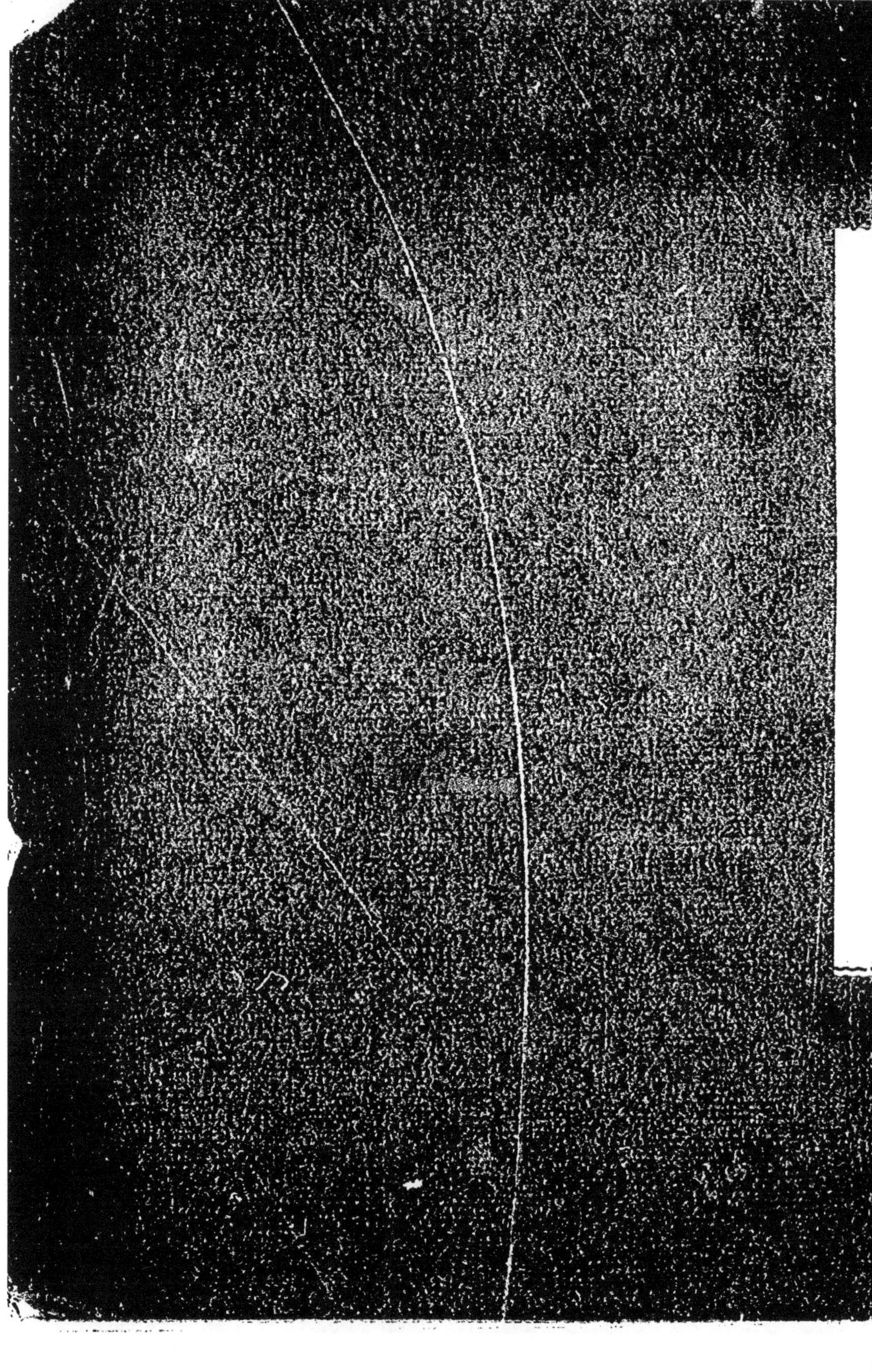

LE SENS
DU
CONFLIT SOCIALISTE

PAR

ALBERT RICHARD

— 30 Centimes —

PARIS
PARTI OUVRIER SOCIALISTE RÉVOLUTIONNAIRE
U. F. C. groupe central du Ve arrondissement

—

1901

LE SENS
DU
CONFLIT SOCIALISTE

LE SENS
DU
CONFLIT SOCIALISTE

PAR

ALBERT RICHARD

PARIS
PARTI OUVRIER SOCIALISTE RÉVOLUTIONNAIRE
U. F. C. groupe central du Ve arrondissement

—

1901

LE SENS DU CONFLIT SOCIALISTE

I

ABSENCE D'UNE DÉFINITION SOCIALISTE DU DROIT

L'extrême confusion et l'insuffisance des débats au récent Congrès des organisations socialistes françaises ont mis les délégués dans l'impossibilité de traiter sérieusement les questions à l'ordre du jour. Il en est résulté que le public en général et les socialistes eux-mêmes n'ont pu se faire une idée exacte des causes réelles du conflit, qui, après avoir si longtemps agité tout le parti socialiste, y a finalement provoqué une double solution contradictoire, unité pour les uns, scission pour les autres.

Il faut remonter bien au-delà des discussions passionnées soulevées dans le parti socialiste, soit par l'affaire Dreyfus, soit par l'entrée d'un socialiste dans un ministère bourgeois, pour connaître le véritable caractère de la crise actuelle.

Malheureusement, on ne se donne point cette peine; chacun se fait un critérium insuffisant et banal, à l'aide des seules impressions qu'il reçoit des faits actuels, impressions qui sont favorables ou défavorables, non pas seulement par la nature des faits jugés en eux-mêmes, mais surtout parce qu'elles froissent ou parce qu'elles flattent des habitudes invétérées, des croyances ou des espérances qui ont pris une certaine forme et une certaine direction, que l'on ne veut point modifier et qu'on refuse de soumettre à une nouvelle analyse.

Cet état d'esprit — celui de l'historien dont le siège était fait — dominera peut-être encore longtemps dans toutes les fractions du parti socialiste, car malgré ses graves inconvénients, il est l'expression de la pensée *nécessaire* du parti dans une phase de son évolution, qui ne peut prendre fin que lorsqu'il aura le sentiment précis d'une nécessité nouvelle.

Cette pensée actuelle se résume en deux conceptions primordiales qui ne sont pas également admises dans tout le parti, mais qui sont indubitablement le moteur central de toute l'action socialiste dans le présent.

1° Un grand nombre de socialistes affirment et répètent que tous les socialistes sont maintenant d'accord sur les principes essentiels et que toutes les discussions théoriques sont désormais superflues. Il n'y a donc plus en présence que des tactiques différentes. Or, comme il est impossible d'improviser *a priori* une tactique s'adaptant à tous les cas; comme la tactique varie fatalement avec les possibilités d'action et d'entreprise, ce n'est que par l'expérience journalière qu'on peut se former sur ce point flottant un jugement rationnellement fondé. Il est donc absurde de se diviser sur des questions de tactique. Puisque la doctrine est fixée et qu'elle est la même pour tous, rien ne s'oppose plus à l'unité socialiste. elle est la tâche de l'heure. celle qui s'impose le plus immédiatement, et le plus pressé est de l'organiser.

2° Tous les socialistes sont d'avis que la conquête des pouvoirs publics par l'action électorale, se terminant par la conquête du pouvoir exécutif, est la condition essentielle et supérieure de l'affranchissement du prolétariat. Ils ne se séparent que dans le choix des méthodes à employer pour arriver au but.

Ces deux conceptions ont un même point de départ : elles sont liées et s'impliquent réciproquement. Sans nier leur raison d'être historique, et par suite leur utilité transitoire, nous sommes obligé de dire de l'une et de l'autre : c'est une erreur! Et c'est cette double erreur qui est la cause de nos divisions actuelles. C'est elle dont il faut indiquer les origines et la nature. dans les faits qui ont accompagné et dans les idées qui ont guidé le développement du socialisme. Si, en apparence. les socialistes ne sont divisés que sur des questions de tactique, que peuvent compliquer plus ou moins des rivalités entre les vieilles organisations et des rancunes persistantes entre certaines personnalités, en réalité, ils sont divisés sur une question de principe et de la plus haute importance, qui n'est pas du tout résolue dans les déclarations doctrinales acceptées par tous.

C'est l'absence de cette définition dans les formules consacrées, qui a donné à la conquête des pouvoirs publics un caractère faux, un caractère qui n'est pas socialiste.

Les uns se sont aperçus du danger, les autres ne veulent pas en convenir, mais un grand fait s'est produit, qui aura des conséquences bien autrement importantes que celles prévues dès aujourd'hui par les propagandistes de l'unité.

S'il reste un principe à formuler, un principe qui n'avait pas paru s'imposer tout d'abord, qui peut-être. avait semblé n'être qu'une abstraction inutile, voilà que cette abstraction s'est introduite dans la réalité, qu'elle pèse sur nos consciences, et, qu'à défaut d'une définition précise, elle se révèle sous la forme d'un sentiment qui s'affirme et avec lequel il faut compter.

Sans doute, si l'on s'en tient à des mots qui ne soient que l'expression philosophique des plus hautes aspirations humaines. les socialistes n'ont rien à ajouter aux grandes lignes connues de leur doctrine. Mais toutes les fois qu'une collectivité pensante et agissante sort du domaine de la théorie pour entrer dans celui de la pratique, elle est obligée d'adapter ses principes aux faits et de leur donner une réalité virtuelle, qui explique et qui légitime l'action qu'on entreprend.

De philosophiques et de moraux qu'ils étaient tout d'abord, les principes deviennent politiques, sociaux, économiques; ils prennent un aspect concret, ils revêtent une forme pour ainsi dire tangible. Dès lors, ils ne sont plus les mêmes principes pour les diverses écoles qui les invoquent; ils n'ont plus la même action sur la foule, ils ne tendent plus au même but. Les Girondins avaient une définition de la liberté qui n'était point celle des Montagnards. Plus tard, les doctrinaires en eurent une autre qui n'était point celle des démocrates; quand il y eut des catholiques libéraux, ils en eurent une qui diffère de toutes les précédentes. Celle des économistes de la vieille école n'est pas moins distincte.

Quand les socialistes affirment la nécessité de la transformation de l'ordre social capitaliste en une société collectiviste ou communiste, cette affirmation n'implique-t-elle pas également une autre définition de la liberté, très différente, même de celle des républicains les plus avancés, pour qui le programme socialiste reste une utopie? Les socialistes reconnaissent aux hommes vivant en société — pour parler avec plus de précision, au prolétariat — un droit qui ne lui a jamais été conféré par aucune Constitution politique, qui n'a jamais été proclamé dans un programme politique, un droit que lui nient tous les partis, le parti républicain comme les autres, le droit de modifier les conditions de la propriété, le droit d'établir les règles de la production et de l'échange et de disposer de la richesse sociale. Si quand ils investissent le peuple de ce mandat formidable, si supérieur à tout ce qu'on avait rêvé pour lui jusqu'ici, les socialistes négligent de lui montrer avec exactitude la nature spéciale, autonome, de la mission juridique qu'il assumera dans le monde; s'ils négligent de lui dire: tu seras en possession d'une liberté nouvelle qui implique de nouveaux droits et de nouveaux devoirs moraux, sociaux, politiques, économiques, dont les gouvernements, les religions et les partis ne t'ont encore jamais parlé, ils laissent dans son esprit un vide énorme, où parmi les ombres non dissipées, il cherchera vainement la lueur qui pourrait éclairer sa marche.

Ils sont dans une situation analogue, mais bien plus critique encore, à celle où se seraient trouvés les républicains, s'ils avaient affirmé le droit de tous les citoyens de contrôler les affaires publiques, leur égalité devant la loi, devant l'Etat, sans indiquer que chaque citoyen aurait, pour exercer ce droit égal pour tous, la liberté politique et le suffrage universel.

Comment le peuple exercera-t-il le droit nouveau qu'on lui reconnaît? Quel est le fondement en raison et quelle est, dans la pratique, l'étendue de la faculté qu'on lui attribue? Voilà ce que les socialistes n'ont pas dit dans les termes où il fallait le dire. Et cette lacune dans leur programme, laissant le socialisme sans définition socialiste de la liberté, sans une idée juridique nouvelle, propre seulement à l'état de choses socialiste et non à l'état de choses actuel, le prolétariat s'est inspiré, dans sa marche vers la société promise, des mêmes principes, c'est-à-dire des mêmes définitions de principes, qui avaient servi à la bourgeoisie pour faire la République. La confusion a été aussi complète que possible.

Le prolétariat a modelé l'avenir avec les matériaux du présent. Il lui a semblé que la liberté politique et le suffrage universel, avec lesquels il peut exercer ses droits de citoyen et agir dans l'Etat, serviraient aussi bien à la manifestation de sa puissance sociale et lui permettraient d'agir dans la société. Le travailleur, citoyen et membre de l'Etat, s'est proposé de faire la Révolution sociale avec les mêmes idées et les mêmes procédés qui ont servi à faire des révolutions politiques. Il a pensé que l'action de l'Etat s'étendrait aux faits économiques et sociaux, que la Constitution politique s'élargirait de manière à embrasser ce nouveau domaine et que le Droit positif moderne, le Droit politique et le Droit civil pouvaient prendre un caractère socialiste, en s'augmentant d'une législation révolutionnaire donnant de nouvelles bases à la propriété, de nouvelles règles à l'échange et à la production.

L'idée républicaine et politique du droit et de la liberté étant jugée suffisante et de nature à assurer le succès des revendications socialistes, il n'y avait plus qu'à la développer et à en tirer tout le parti possible. C'est ce qu'ont fait toutes les organisations socialistes, surtout depuis la constitution du parti socialiste en parti politique de classe en 1879. Il est très remarquable que c'est précisément cette unanimité à transporter la lutte sociale sur le terrain politique, qui a divisé les socialistes. Les uns y venaient avec une notion précise de la lutte de classe, les autres avec de simples instincts révolutionnaires, qui, ne s'allumant pas au foyer d'une idée, étaient facilement assoupis par des satisfactions partielles. Les coups portés à l'ennemi, les résultats obtenus n'avaient point pour les uns et les autres la même valeur, ni la même signification. Fatalement, ils devaient se méconnaître, se jalouser et s'injurier, tout en persistant à s'exercer au maniement des instruments politiques qui n'avaient été créés ni par eux, ni pour eux. Ils eurent beau faire ; la lutte de classe ne pouvait être dans ces conditions qu'une fumée doctrinale, sans conséquences sérieuses. On a combattu les bourgeois sur le terrain préparé par eux, avec les armes forgées par eux. On était dans la maison qu'ils ont construite et dont ils gardent les issues ; on y prenait, sans s'en apercevoir, leur ton et leurs manières. Malgré tout, on avait besoin d'eux, comme on a besoin des gens dont on suit les leçons. Il était matériellement et moralement impossible qu'on considérât toujours en toute occasion, comme des ennemis, des hommes avec lesquels on avait tant d'affinité.

En réalité, malgré toutes ses plaintes et toutes ses colères, malgré tous ses essais de révolution sociale si impitoyablement réprimés, le prolétariat est resté l'allié politique fidèle de la bourgeoisie ; il est accouru à elle avec empressement toutes les fois qu'elle a bien voulu l'appeler, comme un chien fouetté, trop heureux de rentrer dans les bonnes grâces de son maître. Comme le parti socialiste était devenu un parti politique, le socialisme est devenu une question politique, une simple annexe de la République.

Pendant que la logique socialiste se révolte dans les consciences, où la notion du droit social s'affine et se débarrasse des alliages impurs, que de révolutionnaires, qui rêvaient des bouleversements formidables, ne sont plus que des révolutionnaires à la suite. L'idée bourgeoise s'est enracinée dans leurs esprits; le droit bourgeois, dont ils attendent on ne sait trop quel avenir de mixtures disparates, les a évirés; leur conscience sonne le creux, on n'y trouve que des mots; leurs essors sont des élans de boiteux. Ils sont devenus impuissants, ils sont finis.

II

COMMENT LE DROIT SOCIAL DIFFÈRE DU DROIT POLITIQUE

Le prolétariat ne s'aperçoit guère de ces choses-là; il n'a pas le temps d'étudier et d'analyser des idées; c'est une tâche qui ne l'intéresse pas et qui lui semble inutile. Il voit des effets, il perçoit, jusqu'à un certain point, leurs causes immédiates; jamais il ne sait découvrir les causes profondes. Il s'en prend aux chiens de garde de la société et à ceux qui les conduisent, il ne distingue point le principe social, immuable sous toutes les formes de gouvernement, qui souffle la vie et l'énergie à tous ses serviteurs, politiques, militaires, religieux. Quand il sait que les faits sociaux actuels doivent être remplacés par d'autres, comme le disent les programmes socialistes, il croit qu'il en sait assez. A quoi bon se casser la tête pour trouver la formule exacte du principe moral et juridique qui présidera à la construction de la société nouvelle, qui donnera le style de son architecture? Il y aura une révolution, elle aura réponse à tout : on est révolutionnaire, on le crie, on le hurle, et ça doit suffire. Cette croyance enfantine a déjà valu au prolétariat de cruelles désillusions et lui en vaudra de plus terribles encore, si on ne la rectifie pas le plus tôt possible. Il y a eu déjà en Europe beaucoup de révolutions de fait, qui ont passé comme de vulgaires insurrections, bien vite réprimées, parce qu'elles n'apportaient point une idée juridique précise, parce que les malheureux qui se soulevaient étaient incapables d'indiquer ou de créer l'instrument constitutionnel qui eût sanctionné leurs revendications. A notre époque, cette incapacité s'est aggravée de la subordination des espérances socialistes aux conceptions politiques des bourgeois; le prolétariat attendait les réformes dont il a besoin des hommes appartenant à une autre classe, des hommes qui ne sont point intéressés à l'établissement d'un nouvel ordre social, et qui n'ont point qualité pour en tracer le plan.

On cherche toujours des exemples et des encouragements dans les souvenirs de 1789. Mais, si la révolution bourgeoise a réussi, c'est parce que les bourgeois avaient la notion très nette du droit qu'ils voulaient fonder, et ne comptaient pas sur d'autres pour accomplir cette mission. En même temps qu'ils ont été prêts à substituer de nouveaux faits politiques et sociaux aux anciens, ils ont été en mesure d'élaborer l'instrument juridique qui sanctionnait leur œuvre, lui donnait son caractère et proclamait sa légitimité. Ils savaient bien qu'une révolution qui reste dans les faits, qui n'est qu'un bouleversement matériel, finit comme celle de Spartacus, comme celle des Jacques et tant d'autres.

Ils savaient bien que, pour ébranler la conscience humaine et l'arracher à ses vieux fétiches, il ne suffit pas de gagner les batailles où la Force s'oppose à la Force, mais qu'il faut apporter au monde une raison supérieure à celle qui le gouvernait auparavant.

Dans certains cas, la monarchie a évolué graduellement et a établi la liberté politique, voire même le suffrage universel; elle a donné à la classe moyenne presque autant de garanties que la République; mais ce n'était pas là un simple progrès dans les faits, le vulgaire aboutissant de mouvements instinctifs. C'était le résultat d'une action continue de la bourgeoisie, inspirée et dirigée par elle, réalisant l'idéal juridique qui lui convenait, et qu'une Constitution politique pouvait contenir, parce qu'il se résumait en réformes politiques.

Les socialistes ont cru qu'ils pouvaient concentrer leur attention sur les faits sociaux matériellement classés, et considérés simplement comme l'origine naturelle de la force nouvelle qui doit remplacer l'ancienne. Pour l'œuvre organique définitive, c'est-à-dire pour les questions de droit, ils ont pensé que l'idée républicaine et démocratique les contient en principe et qu'elle fournira les solutions dont le socialisme a besoin. Mais ils ont trop oublié, que l'idéal socialiste qui ne se résume point en réformes politiques ne peut pas, comme l'idéal bourgeois, être réalisé par un parti politique. A la Force nouvelle, il faut un Droit nouveau.

Une constitution politique, quelque républicaine qu'elle soit, ne peut pas contenir — même en principe — l'idéal socialiste, parce qu'elle définit les droits et les devoirs des citoyens en tant que membres de l'État, abstraction faite et rigoureusement faite de leur situation dans l'ordre social.

L'État veut ignorer ce qui constitue précisément la véritable identité de chaque citoyen, sa fonction particulière dans l'économie générale de la société. Il se garde soigneusement d'intervenir dans la formation de la propriété et dans la répartition des richesses. Ce qu'il peut y avoir d'injustices et de souffrances dans ces régions ne le touche pas et ne peut pas le toucher. L'État, expression politique d'une collectivité donnée, se superpose à la société comme une synthèse. Il n'a pas un esprit à lui, qui lui viendrait on ne sait d'où et qui lui servirait à changer les mœurs et l'organisation sociale, résultats d'une longue évolution intérieure dont il est lui-même le produit.

Les circonstances politiques peuvent changer autant qu'on voudra; tant que l'ordre social n'est point changé, tant qu'il y existe des classes dominantes, ces classes inspirent l'État; il est leur notaire, leur gendarme, il ne peut pas être autre chose.

Quand une démocratie s'est emparée du Gouvernement, elle peut bien proclamer la liberté, l'égalité et la fraternité, elle ne peut pas changer le caractère de l'État; elle est radicalement impuissante à couler les faits sociaux dans le moule de sa métaphysique. Et toujours revient plus probante et plus décisive la démonstration que les faits sociaux ne peuvent être transformés que par les éléments organiques, conscients ou non, qui se meuvent dans la sphère économique et sociale.

Comment les socialistes, qui veulent obliger les pouvoirs publics à intervenir en leur faveur dans l'ordre social, s'y prendront-ils?

Les uns espèrent qu'avec les droits que confèrent aujourd'hui à tous les citoyens les constitutions politiques, les socialistes deviendront puissants dans les corps élus, modifieront la législation et l'esprit du gouvernement et feront sortir l'Etat du rôle conservateur qui lui a été assigné jusqu'ici.

Les autres croient voir grandir les difficultés, les crises qui déjà troublent la société actuelle, à ce point que les socialistes pourront s'emp. rer directement du pouvoir, disposer de la force publique et accomplir la réforme sociale

Il y aurait un Etat socialiste, et les institutions politiques pourraient être utilisées par lui au profit du socialisme. Mais dans ces deux cas, les prévisions des socialistes sont pour ainsi dire canalisées par la coutume des partis politiques. Ils admettent implicitement, sinon explicitement, qu'ils n'auraient point la majorité dans le pays, et qu'il y subsisterait malgré tous leurs efforts antérieurs, des intérêts plus puissants, plus actifs, que ceux du prolétariat, une pensée plus forte et mieux comprise que la pensée socialiste. Bien des progrès pourraient avoir été réalisés, et l'État n'aurait point perdu son caractère essentiel de conservateur des faits acquis, c'est-à-dire de protecteur des intérêts des classes dominantes.

Il serait toujours assis sur la même base historique, où les socialistes seraient obligés de se placer eux-mêmes, pour essayer de lui imposer une mission, en contradiction complète avec celle qu'il a assumée jusqu'ici. Les socialistes auraient conquis le pouvoir en tant que parti politique, mais la révolution sociale serait toujours à faire. Que pourrait faire le gouvernement que les socialistes auraient transformé ou dont ils se seraient emparé? Comment ce gouvernement s'y prendra-t-il pour appliquer à l'œuvre socialiste les institutions administratives, fiscales, policières, militaires, juridiques, qui ont été créées pour maintenir l'ordre contre le prolétariat, et comment les changera-t-il en instruments de la délivrance des travailleurs?

Il ne peut pas les supprimer, car ce serait dissoudre l'État et avec lui le nouveau gouvernement. Fera-t-il appel à la Force pour briser toutes les résistances?

Mais où prendra-t-il l'autorité nécessaire pour employer la Force, puisque la richesse, les moyens d'influence, en un mot tous les éléments constitutifs de l'autorité seront encore aux mains de ses adversaires?

Deux seules éventualités seront en présence. Ou le pouvoir socialiste acceptera de continuer le pouvoir qu'il aura remplacé, il s'amoindrira en acceptant une transaction. Ou bien il livrera aux classes capitalistes une bataille plus terrible que toutes les précédentes, dans des conditions d'infériorité telles, qu'il s'exposera à un désastre à peu près certain. Il est probable qu'on préfèrerait une transaction. Les transactions ne sont point à mépriser; au cours de l'évolution d'un parti, elles peuvent marquer d'heureuses étapes et donner de bienfaisantes solutions à des difficultés, dont la persistance n'est désirable, à aucun point de vue.

Mais est-ce là tout ce qu'on attend de l'action politique du parti socialiste? Non, tout le monde sait qu'il a de plus hautes ambitions. Ce que l'on sait moins, c'est que lorsqu'il voudra s'élever jusqu'à ces sommets suprêmes, ce n'est plus l'action politique qu'il devra employer.

Aux deux cas prévus par la politique socialiste, ajoutons-en un troisième. Supposons que l'heure de l'avènement du socialisme ait sonné, non plus à l'horloge parlementaire, non plus dans l'arène restreinte où les partis politiques se livrent à leurs luttes d'intrigues, au gré du hasard et des circonstances, mais dans les profondeurs de la réalité sociale. Le prolétariat est devenu, sinon la puissance dominante, au moins une force morale et matérielle immense, qui s'est levée pour ne plus jamais retomber et qui a inscrit sur son drapeau la devise de 93 : « Vivre libres ou mourir. »

Il apporte avec lui ce principe que la constitution politique ne connaît pas, qu'elle ne peut pas connaître, parce qu'elle est l'œuvre des classes et des partis qui ne veulent pas de la réforme sociale, ou qui ne savent pas en quoi elle consiste, le principe de la solidarité effective de tous les membres de la société, impliquant le droit pour eux de réformer cette société. Le prolétariat prend lui-même ce droit que l'Etat lui refuse. Ce sera, si l'on veut, le droit social, le droit des travailleurs. Mais, pas plus alors qu'auparavant, ce droit ne peut être admis par l'Etat, dont la fonction est de conserver ce qu'on veut détruire. Il le voudrait qu'il ne le pourrait pas. Ce droit est tout autre chose que ce qu'on a appelé jusqu'ici, un droit politique. Il surgit en dehors de l'orbite de la Constitution politique, puisque au lieu de n'intéresser que les citoyens égaux en droits politiques, malgré leur inégalité sociale dont l'État ne veut pas s'occuper, il s'adresse, au contraire, aux membres de la société, considérés dans leur fonction vitale, au centre même du mécanisme économique et social. Il y a donc une opposition absolue, irréductible, entre l'esprit de l'Etat et celui du socialisme, qui désormais éclate au grand jour. Il n'y a plus de transaction possible.

L'Etat, délégué naturel et protecteur-né des classes qui possèdent la richesse et qui exploitent les autres, conservateur de leurs intérêts, de leurs préjugés, de leur suprématie, n'a plus aucune utilité, aucune raison d'être, quand le peuple, devenu socialiste, veut réaliser précisément ce que cet Etat était chargé d'empêcher. Le peuple socialiste ne peut pas conquérir les pouvoirs dont se compose cet Etat ; il ne saurait qu'en faire. Il les supprime, pour pouvoir agir librement, pour que sa conscience à l'œuvre ne soit gênée par aucune des forces du passé, qui pourraient essayer de se travestir perfidement, pour prolonger jusque dans l'avenir les iniquités interdites à jamais. Le passé s'écroule, son Etat est déchu, ses méthodes sont condamnées comme son principe ; toutes ses institutions sont caduques et la Constitution politique, déchargée de tout l'outillage de l'oppression et de la fraude, n'est plus qu'un accessoire.

La Constitution sérieuse sera, dès lors, celle qui dira à qui appartiennent tous les capitaux mobiliers ou immobiliers, la terre et toutes les richesses qu'elle porte, qui organisera le travail, la production, l'échange, au profit de tous les hommes sans exception, unis et solidaires depuis la naissance jusqu'à la mort. Ce sera évidemment une

Constitution sociale, puisque aucune Constitution, dite politique, n'a jamais eu ce caractère.

Nul socialiste ne nie en principe le droit du prolétariat à réorganiser de fond en comble l'ordre social, mais en fait, la plupart des socialistes courent le risque d'annuler ce droit, en ne disant pas comment il sera réalisé.

Ils semblent enfermer pour toujours leur action dans les limites tracées par la Constitution politique, à laquellle ils attribuent une élasticité qu'elle n'a pas.

Ils croient à une métamorphose impossible de l'Etat sous sa vieille défroque politique, et en aspirant au pouvoir, dans l'antre où le monstre s'est exercé depuis des siècles à toutes les formes de despotisme, ils continuent de lui donner un rôle prépondérant, un droit de direction et de tutelle, qui rendrait nécessaire encore ses institutions décrépites, et consoliderait en face du prolétariat socialiste, une puissance qui n'a jamais été et qui ne sera jamais qu'un obstacle à son émancipation.

L'erreur que nous signalons est sentie aujourd'hui, mais cela ne suffit pas, il faut qu'elle soit dissipée, parce que c'est dans la confusion dont elle nous accable que naissent nos divisions. Si une bonne fois, toute tactique politique était considérée comme une amorce, comme un acheminement et non comme le moyen supérieur du salut, on cesserait de se disputer pour des méthodes d'action, dont le rôle, quelque important qu'il puisse être dans la phase préparatoire, sera nul dans la phase décisive.

Il faut donc cesser de confondre l'action du citoyen avec l'action du travailleur, les droits sociaux avec les droits politiques et la Constitution politique avec la Constitution sociale. Il nous est bien permis de prévoir que les travailleurs seront au moins aussi logiques que l'ont été les bourgeois.

Les bourgeois avaient à accomplir une œuvre moins complexe, et leur programme révolutionnaire n'était pas nécessairement l'antithèse absolue de la monarchie. Cependant, ils ne se sont pas bornés à continuer et à développer les institutions et le droit de la monarchie. Dès le début ils ont compris qu'ils pouvaient et qu'ils devaient faire peau neuve. Le 20 juin 1789, les représentants de la bourgeoisie considérant qu'ils avaient été envoyés aux Etats-Généraux par les quatre-vingt-seize centièmes de la population totale du pays, ce qui pourtant n'était vrai qu'en ajoutant à la bourgeoisie les ouvriers et les paysans, refusèrent de tenir compte des prétentions de la noblesse et du clergé, qui ne voulaient pas admettre le vote par tête. En vain pour les empêcher de délibérer, on ferma la salle des Etats; ils se réunirent au Jeu de Paume et jurèrent de ne se séparer qu'après avoir donné une Constitution à la France, sans le roi, sans la noblesse et sans le clergé, réputés inutiles. Ainsi feront un jour les travailleurs, quand ils jugeront à propos de ne plus perdre leur temps aux bagatelles de la politique, aux législations qu'on essaye d'équilibrer sur des pointes d'aiguille, en marge de l'ordre social. Ils n'auront pas été appelés à siéger et à délibérer par le roi, ni par aucun gouvernement; ils y auront été appelés par eux-mêmes; ils ne peut pas en être autrement; quand la révolution sociale se lèvera, il ne saurait subsister à côté d'elle aucun autre pouvoir.

Les hommes, dits pratiques, ne croient pas qu'il soit nécessaire de prévoir les éventualités, qui, selon eux, sont trop éloignées, pour qu'on puisse en définir le caractère. Ils ont pris position dans les luttes du présent et ils s'y sont engagés avec les éléments d'action que le présent leur offre. Ils s'intéressent, se passionnent pour de vulgaires incidents politiques, qui prennent dans leur esprit de telles proportions, que l'avenir même du socialisme leur semble dépendre de la solution de questions de détail. Ce sont des réalistes exclusifs, des analystes de l'actualité, persuadés qu'il suffit d'organiser dans le prolétariat une force, qui en se développant, deviendra la force supérieure, et qui en se substituant à la force capitaliste, se suffira à elle-même dans tous les cas, sans qu'il y ait lieu de se préoccuper des méthodes juridiques qui serviront à organiser la société nouvelle. Quand nous leur observons que l'idée socialiste est distincte de toute idée qui peut suffire à un parti politique, parce qu'elle vise un but bien autrement vaste et complexe et que la possession du pouvoir politique par les socialistes n'implique nullement en soi la possession par le prolétariat des moyens d'accomplir la réforme sociale, ils ne sont pas convaincus. Pourtant, ceux qui s'opposent à l'introduction d'un socialiste dans le pouvoir bourgeois, afin que les socialistes ne s'associent pas à leurs adversaires de classe, dans l'œuvre de conservation des institutions politiques et du régime social, qui consacrent l'exploitation du prolétariat, ont bien le sentiment de l'autonomie nécessaire de l'idée socialiste, et la différencient absolument de toute conception politique, quelque républicaine qu'elle soit. Mais pourquoi supposent-ils que la situation serait différente, si le pouvoir politique tout entier tombait aux mains des socialistes? Au fond, la plupart d'entre eux pensent que l'avènement politique du socialisme implique la disparition immédiate d'institutions fiscales, administratives, militaires, etc., qui sont radicalement incompatibles avec l'affranchissement du prolétariat. Mais il ne suffit pas de le penser, il faut le dire. Et puisqu'il y a tout un ensemble d'institutions et de législations à remplacer, il faut dire aussi qui opérera cette gigantesque transformation?

Si on ne le dit pas, on laisse supposer que les socialistes se proposent d'utiliser, comme les autres partis, la force de l'Etat, la force politique d'origine et d'essence aristocratique et bourgeoise, pour s'imposer à leurs adversaires de tout genre parmi lesquels il peut se trouver d'autres socialistes; c'est la dictature possible dont il a malheureusement été question plusieurs fois. Si on ne le dit pas, en quoi l'idée socialiste diffère-t-elle de n'importe quel programme à promesses somptueuses d'un parti politique quelconque? En quoi notre force, à nous socialistes, vaut-elle mieux que celle des autres? La Force des exploités ou celle des exploiteurs, celle d'un homme ou celle d'un autre, celle d'une classe ou celle d'une autre, c'est toujours le même principe, la même vieille commère brutale du même compère, le gouvernement.

Les vainqueurs ont eu raison de tout temps, tout simplement parce qu'ils ont été vainqueurs, et nous continuerons d'affirmer ce vieux programme de toutes les bêtes, de tous les despotes, de tous les massacreurs, de tous les tripoteurs. Si le socialisme n'était pas autre chose que cela, on se demande pourquoi tant d'hommes généreux se sont dévoués et se dévouent encore pour cette nouvelle reproduction plus ou moins édulcorée de la barbarie ancestrale. On s'est délecté des œuvres fortement pensées des philosophes déterministes modernes, on s'y est plongé et on n'en sort plus. Il ne faudrait pas oublier cependant que ces savants ont eu à disséquer, pour la réduire à sa juste valeur, toute la métaphysique du passé, et que c'était une tâche si absorbante qu'ils n'ont pas pu s'occuper d'autre chose. Leur rôle s'est borné là; ils n'ont rien créé. Il y a dans l'humanité une action morale, dont ils ne nous ont montré ni la cause, ni la nature, ni le but. Ils ne peuvent pas conclure et, quand ils essayent de le faire, ils deviennent aussi ridicules que les métaphysiciens qu'ils ont couché dans la poussière. Il y a même des métaphysiciens, Platon par exemple, que leur souffle n'a pas effleuré le moins du monde.

Le socialisme ne peut pas s'arrêter aux déductions d'une école philosophique; le socialisme affirme une idée morale et juridique avec ou sans philosophie. Il l'affirme, même par l'organe des plus matérialistes d'entre nous, qui se plaignent comme les autres des souffrances et des iniquités de toute sorte qu'ont à supporter les classes pauvres, qui trouvent que cela est mauvais en soi, et non pas seulement parce que c'est nous qui en sommes victimes. Ces matérialistes ont beau dire qu'ils ne croient qu'à la Force, l'injustice et le mensonge les révoltent comme les autres.

S'ils se sont élevés contre des idéalistes de mauvais aloi, qui ne nous parlaient que de vérité, de justice, d'amour, ce n'est pas parce que ces mots-là sont de vains mots, c'est parce qu'on s'en servait pour nous détourner de l'étude de la réalité, ou pour nous amuser avec des rêveries et des palliatifs.

Ils ont même raison de nous mettre en garde contre ce danger qui existe encore. Ils ont raison de redouter le glissement des socialistes qui ne savent point se détacher des confusions et des mixtures, dans les marécages du radicalisme.

Mais si, en revanche, on ne nous parle que de force et de pouvoirs publics à conquérir, en quoi aura-t-on donné plus de précision à l'idée socialiste? On conçoit la force dans la lutte matérielle, il n'y a pas d'autre moyen d'attaquer et de se défendre. Mais la Force n'est pas constituante, elle n'est pas morale, elle est antijuridique. Si l'on ne prévoit pas dès maintenant son insuffisance, si l'on ne dit pas dès maintenant : il y a une pensée nouvelle qui doit inspirer les faits nouveaux, il y a un droit social à établir, pour que la réforme sociale soit accomplie, on ne voit pas apparaître le législateur autorisé du monde socialiste. Il y aura un pouvoir politique avec un Parlement comme ceux d'aujourd'hui. Ce pouvoir sera forcément l'âme et le centre directeur de la Révolution avant qu'elle soit faite : c'est de lui qu'on attendra tout, qu'on espérera tout, c'est lui qui essayera de réorganiser la société. Avec quoi pourra-t-il le faire? Ce n'est pas avec des travailleurs qui auront encore livré une bataille, pour remettre leur sort entre les mains de l'Etat édifié par leurs exploiteurs, au lieu de le supprimer. Ce sera avec les mêmes moyens d'action, les mêmes méthodes qui ont servi à organiser l'exploitation des travailleurs. Il est vrai que cette fois, ce sera le pouvoir socialiste qui se sera mis à l'œuvre au profit du prolétariat.

Mais que signifie la substitution d'un pouvoir à un autre, d'un personnel à un autre? L'essence du socialisme peut-elle être dans un gouvernement? Est-ce que c'est l'Etat qui fait l'ordre social? Tout le monde sait le contraire. Mais alors, montrez-nous donc avant tout le législateur et non le pouvoir: dites-nous donc où est le Droit? Le législateur, l'organisateur, la conscience inspiratrice et directrice, c'est le prolétariat tout entier. Les travailleurs conscients doivent agir: ils ne peuvent, ils ne doivent rien attendre d'aucun pouvoir; les travailleurs inconscients et qui n'agissent pas sont faits pour être exploités, on ne leur doit pas autre chose. Or, en quoi peut consister l'action des travailleurs, quand l'ère de la Force est enfin close? elle se résume dans l'œuvre de Constitution de la société, c'est l'œuvre morale et juridique par excellence, pour laquelle s'associent toutes les libertés.

Est-ce qu'il y a un pouvoir politique qui puisse encadrer et diriger une pareille Révolution?

III

L'ACTION POLITIQUE A SA PLACE RATIONNELLE

Ceux qui sentent la nécessité d'une orientation plus claire, plus directe de l'esprit socialiste, sont plus nombreux qu'on ne pense, et ne se trouvent pas seulement dans le *Parti ouvrier français* et dans le *Parti socialiste révolutionnaire*. Mais, ils sont retenus par la crainte d'énerver l'action du parti socialiste, qui, ayant obtenu sur le terrain de la lutte politique des succès sérieux, peut en espérer de plus grands encore. Le parti socialiste est devenu une force: toute force qui n'est pas agissante ne s'explique pas, car l'inaction est un dissolvant. Or, l'action la plus efficace dans le présent, celle dont on obtient la plus grande somme de propagande, c'est l'action politique, l'action telle que nous l'ont enseignée les républicains bourgeois, telle que nous la permet la légalité actuelle. Mais, nous ne prétendons point qu'on doive renoncer à l'action politique; nous n'en nions point les avantages.

Nous nous bornons à observer que si elle n'est pas réduite à ses justes proportions, si on continue d'y voir la condition supérieure de l'affranchissement du prolétariat, on emprisonne la pensée des travailleurs dans le réseau des méthodes bourgeoises et l'on subordonne leur mission juridique, la charpente de la Révolution sociale, au respect de formes surannées, dont l'esprit est foncièrement et irrémédiablement hostile à l'esprit socialiste, ce qui est un non-sens. Que les travailleurs attendent de l'Etat actuel toutes les réformes partielles avec lesquelles il n'est pas incompatible, et qu'ils s'efforcent de les obtenir, c'est là une œuvre sinon socialiste, au moins républicaine et démocratique, dont ils ne peuvent pas se désintéresser.

C'est la phase transitoire, c'est la route qu'il est peut-être possible d'aplanir et d'éclairer assez, pour que la Révolution y passe sans encombre et n'ait point le caractère de brutalité et de sauvagerie qu'ont eu toutes les révolutions politiques. Il y a là une grande et belle tâche à remplir. Mais si c'est cette révolution elle-même, c'est-à-dire le changement de l'axe de toute la machine sociale, la solidarité humaine substituée à l'individualisme, que l'on veut attendre de l'action politique, nos divisions et nos désillusions ne finiront jamais. En continuant de mettre tout leur espoir dans la conquête des pouvoirs publics, dans l'action directrice de l'Etat, en continuant de plier l'idée socialiste aux habitudes et aux traditions de la démocratie bourgeoise, les socialistes ne permettront point à l'idée originale du Droit social de se faire jour. Ils briseront dès maintenant le principal ressort de l'énergie révolutionnaire, la spontanéité du mouvement dans les idées et dans les faits. Ils ligotteront avec de nouvelles cordes les membres inutilement raidis du grand révolté.

Que leur resterait-il dans ce cas pour accomplir l'œuvre de rédemption ? Il leur resterait, comme à tous les admirateurs de la Force, comme à tous les partis politiques, la centralisation de l'Etat, son autorité et ses moyens coercitifs, créations du passé, boulevards de la puissance bourgeoise, dont la conquête absorbe et concentre désormais toutes les ressources, toutes les forces du parti socialiste. Si le prolétariat, hypnotisé par l'action politique, oublie que c'est de sa conscience libre, autonome, que doit sortir le droit nouveau, le socialisme s'enfonce dans une impasse dont il ne pourra plus sortir. En revanche, les socialistes y gagneront toutes les infirmités ordinaires des politiciens. Si le désir de posséder les instruments de domination dont dispose l'Etat est la principale préoccupation des socialistes, ils auront beau se répéter mutuellement les superbes déclarations du Congrès de décembre 1899, ces principes élevés joueront à peu près le rôle du Bon Dieu dans le tabernacle. Les chrétiens les plus fervents viennent l'y révérer de temps en temps ; puis ils retournent à leurs petites affaires, spéculant, trompant, volant, exploitant leur prochain à qui mieux mieux. La conquête du pouvoir politique surexcite les passions, bien plus qu'elle ne répond à des doctrines, parce qu'elle s'accomplit dans le monde des forces et des intérêts, beaucoup plus que dans celui des idées. Dans une pareille caverne, l'opposition et la complexité des éléments aux prises est une nécessité du milieu. On ne fait pas l'unité avec des passions ou des intérêts, pas même avec des passions ou des intérêts de socialistes.

On met la main sur l'outillage suspect qui a servi aux hommes du passé, pour en faire un meilleur usage, mais on entre dans une maison où sévit la peste et on la gagne. Le mort saisit le vif et l'emporte avec lui dans son sépulcre, où grouillent toutes les tactiques politiques possibles, les ambitions, les rivalités rageuses, les haines ministérielles ou antiministérielles. L'actualité règne au lieu et place de l'idéal ; le moindre

incident favorable aux uns et défavorable aux autres prend des proportions ridicules. Avec la persistance de la manie étatiste persisteront les deux courants actuels du socialisme, et il n'y a aucune raison pour qu'il n'en surgisse pas un troisième et un quatrième.

Les plus logiques observeront que l'idée socialiste n'est pas une dépendance de l'idée républicaine bourgeoise, qu'elle s'est développée au milieu de faits ayant un caractère et une portée, qui engagent l'esprit humain dans une voie inconnue à la démocratie bourgeoise. Ils déclareront que le socialisme ne peut pas avoir une situation secondaire, tolérée dans un gouvernement bourgeois, ni même à côté d'un gouvernement bourgeois, parce que des socialistes, acceptant de jouer un pareil rôle reconnaissent en fait qu'il y a des intérêts politiques supérieurs au socialisme. Mais ceux qui auront souscrit à cette déchéance du socialisme répondront que, tant qu'il s'agit avant tout de conquérir le pouvoir politique, ils croient plus sage de procéder à cette conquête par voie d'infiltration graduelle. C'est une dispute sans conclusion péremptoire et décisive possible. Si, au contraire, tous conviennent que l'action politique du prolétariat, aussi bien que son action économique, que son action intellectuelle et morale, sont des travaux d'approche qui conduisent à la formation d'une action supérieure, on ramènera tout à cette dernière. Il y aura entre tous les chemins suivis par les uns et les autres un grand chemin central, vers lequel il faudra converger, bon gré mal gré. Alors l'idée socialiste reste elle-même, elle n'a plus d'attaches spéciales, elle apparaît sous son vrai jour. Elle englobe tous les courants sociaux, toutes les énergies humaines ; elle contient l'idéal, la réalité, la politique, la philosophie, l'économie politique, l'économie sociale ; elle est l'idée synthèse, résumant en les épurant, toutes celles qui l'ont précédée.

Elle submerge toutes les tactiques et tous les tacticiens, elle impose la paix entre les socialistes, et le prolétariat sachant désormais où il va, haussera les épaules, quand on n'aura pour le séduire que le scintillement des cottes et des maillots sur les tréteaux parlementaires et gouvernementaux. L'avènement d'un ministre, quel qu'il soit, n'éveillera chez lui aucune passion; s'il y a lieu, il ne lui refusera point une certaine bienveillance, mais toujours tempérée par l'addition prudente d'un scepticisme raisonné.

L'action politique utilisée comme elle doit l'être, sans illusions, et n'ayant plus pour objet de placer encore un autre pouvoir entre le prolétariat et la Révolution sociale, n'inspirera plus de défiance aux syndicats, qui, bien que s'inspirant du socialisme, ne veulent pas subir la direction des partis politiques, ni être mêlés à leurs conflits.

Ils pourront y prendre part, sans crainte de servir de marchepied à de nouveaux maîtres, ou d'égarer l'idéal socialiste dans les coulisses de la scène politique.

D'autre part, il existe d'autres syndicats qui prétendent se tenir à l'écart de l'action politique, et auxquels on a pu reprocher parfois de se montrer indifférents ou hostiles à l'action du parti socialiste organisé, précisément pour pouvoir se prêter à des essais de politique modérée. Il leur est arrivé de rechercher le concours de personnages officiels ou semi-officiels, pour obtenir ce bon vouloir ou ces petites faveurs qui coûtent peu et qui font plaisir aux gens faciles à contenter. Cette faiblesse, fort excusable en soi, puisque les travailleurs sont aux prises avec des difficultés continuelles, et que l'éducation socialiste du prolétariat est loin d'être achevée, ne pourra plus être exploitée, soit par un gouvernement, soit par une fraction moins révolutionnaire du parti socialiste, quand les circonstances politiques n'auront plus que la valeur d'incidents quelconques, dans les multiples détails de la lutte générale, quand le parti socialiste dans son ensemble portera ses regards bien au-delà des horizons ordinaires des ministères, bien au-dessus de la vieille masure où ronfle péniblement la machine essoufflée de l'État.

Enfin, que deviendront les arguments qu'invoquent contre l'action politique des travailleurs les bons réactionnaires philanthropes, qui voudraient que le prolétariat restât dans la sphère de ses intérêts immédiats, chaque ouvrier dans sa corporation, dans son industrie, en face de son seul patron, dont la suprématie pourrait s'imposer plus facilement sur chaque point du territoire à des hommes isolés, divisés? Jusqu'ici, il leur a été trop facile de démontrer que l'arène politique était en dehors du champ d'action du prolétariat, et que la politique ne profite qu'aux ambitieux. Ce que diront ces grands amis de la classe ouvrière n'aura plus aucune importance, et les travailleurs feront plus de politique que jamais, quand ils sauront que le parti socialiste n'est pour ainsi dire que provisoirement un parti politique, et qu'il reste soumis aux décisions qu'ils croiront devoir prendre, en temps et lieu, sur un autre terrain, celui où est engagé le grand conflit économique et social. Si le parti socialiste rectifiait ainsi son attitude, on n'entrerait point en réalité dans une nouvelle voie; on n'aurait rien créé, rien innové; on ne ferait au contraire, en se dégageant d'une entrave, que reprendre la saine tradition. Quand une minorité consciente du prolétariat a commencé à penser elle-même, à se dégager de la coûteuse tutelle de la démocratie bourgeoise, on a formé des sociétés diverses, à demi tolérées, à demi secrètes, où l'on élaborait péniblement des théories confuses, mais qui n'avaient rien de commun avec les programmes politiques de cette époque. On ne se séparait pas du parti républicain; mais on a bien vu en 1848 que le parti républicain n'inspirait pas le mouvement socialiste.

Il pouvait bien moins l'inspirer encore après les massacres de juin. Le parti républicain, sauf quelques braves cœurs, avait compris qu'on ne peut pas être au pouvoir pour favoriser la réforme sociale, mais pour maintenir l'ordre. Et Dieu sait avec quelle férocité les intérêts bourgeois furent défendus! Le socialisme naissant fut presque anéanti, par le gouvernement des hommes qui préconisaient l'application, dans le seul domaine politique, de la liberté et de l'égalité.

Quand l'Association Internationale des Travailleurs commença à se former en France, elle n'y eut aucun lien avec les partis d'opposition; elle ne visait qu'à l'organisation du prolétariat et à la réforme sociale. Les républicains en conçurent immédiatement de l'ombrage; ils réussirent, par leurs seules manœuvres, à faire dissoudre l'Internationale dans toute la France, vers la fin de 1866. Des ouvriers même s'employèrent à faire courir le mot d'ordre sorti des conciliabules de l'opposition : « le socialisme a perdu la République de 1848, ce serait une diversion favorable à l'Empire; pas de socialisme. »

C'est au prix de luttes obscures et douloureuses contre les républicains bourgeois, au milieu de calomnies ignobles sans cesse renaissantes, que l'Internationale fut rétablie et qu'elle devint une puissance. Cette situation ne se modifia qu'en 1870, surtout à Paris où le prolétariat grondant obligeait les républicains à sortir des limites suspectes de leur programme. Ce qui se passa en 1871 est assez connu; on ne peut pas en conclure, soit que les aspirations socialistes peuvent être dirigées par un gouvernement, soit qu'elles impliquent la formation d'un pouvoir politique spécial.

Quand le prolétariat, quelques années après, recommença à s'agiter et à présenter ses revendications propres, la méfiance que lui inspirait l'action politique était plus grande que jamais. En l'absence des éléments révolutionnaires, elle fut même excessive et périlleuse, parce que des bourgeois exploitaient et corrompaient ce sentiment, qui reparaissait incomplet, dans une époque d'incertitudes et de tâtonnements.

Cette méfiance prit des formes variées, se manifesta souvent dans les Congrès, engendra de nombreuses scissions et persiste toujours.

Cependant, malgré tant d'obscurités et d'obstacles, les travailleurs qui se sont organisés en parti politique de classe et ceux qui sont restés dans le mouvement corporatif, ont tous contribué au développement de la conscience juridique du prolétariat sur un autre terrain que la politique, en tenant tous les ans, depuis 1876, des Congrès ouvriers, comme l'avait fait l'Internationale. Que signifient ces Congrès, où toutes les questions qui intéressent le prolétariat sont mises à l'étude? où sans immixtion aucune des anciens partis politiques, il rassemble lui-même, avec une infatigable persévérance, tous les éléments d'un nouvel ordre de choses?

N'est-ce pas la préparation naturelle d'une création sociale, dont il ne veut abandonner la direction à personne? N'est-ce pas le jalonnement d'un nouveau chemin, le commencement de la Constitution sociale?

Pense-t-on que les travailleurs ne comprennent pas déjà, que l'œuvre qu'ils ont entreprise embrasse un ensemble de faits, bien autrement vaste que celui où peut s'exercer l'action d'un parti politique?

Nous objectera-t-on toujours que la Révolution sociale accomplie par les travailleurs eux-mêmes, sans les coups de barre dangereux des gouvernements et des parlements, aura besoin d'administrations diverses, qui ne formeront en résumé qu'une nouvelle organisation politique? L'étymologie du mot « politique » permet cette affirmation, mais les faits classés sous cette rubrique depuis quatre mille ans ne le permettent pas. Il ne s'agit pas ici d'une question d'exégèse.

Quand le droit public sera élaboré par tous les intéressés, par tous les membres de la société, chacun intervenant dans la sphère où ses aptitudes et ses connaissances techniques expliquent sa présence, et non par une élite privilégiée, classe dominante ou parti ayant conquis le pouvoir, il y aura entre le nouveau régime et l'ancien une différence capitale, qui ne permet pas de les confondre sous les mêmes enseignes.

Le maintien de cette confusion ne peut servir qu'à faire dévier le socialisme, en laissant croire que ce qu'on appelle aujourd'hui l'Etat peut présider à la réforme sociale. Quand les prolétaires organiseront les administrations et les services publics, qui seront nécessaires dans l'ordre social, expression de leur conscience, réalisation de leurs droits, ils ne feront pas de politique, parce qu'ils feront leurs affaires eux-mêmes.

IV

A QUOI TIENT LA PRÉPONDÉRANCE DE L'IDÉE BOURGEOISE

Pour savoir si le parti socialiste peut avoir une conception propre de l'idée du Droit, c'est-à-dire un programme d'organisation sociale qui soit bien à lui, rien qu'à lui et qui ne permette plus aucune confusion de l'action socialiste avec l'action des partis politiques bourgeois ; pour savoir si les dures leçons qu'il a fallu subir permettent, dès maintenant, de dégager l'idée de granit, que ne pourront plus ronger les déviations et les compromissions, il faut pouvoir mettre à nu les causes concrètes, tangibles, de la subordination persistante de l'idée socialiste à l'idée républicaine moderne. Si ces causes ne peuvent être extirpées ou si elles ont une valeur supérieure à toutes les considérations contraires, la raison et l'expérience condamneront notre manière de voir, qui sera reconnue fausse et sur laquelle il sera inutile d'insister.

Toutes les idées politiques et religieuses, qui, tour à tour, ont agi sur l'humanité, ont exprimé le caractère essentiel que lui donnaient pour un temps, qui durait parfois des siècles, l'esprit, les mœurs et l'organisation de la société. Ces idées, comme la législation et le régime politique qu'elles inspiraient, avaient une légitimité relative.

En effet, ceux qui restent opprimés, exploités, après le triomphe d'une aristocratie sur une autre, ou celui d'une démocratie sur une aristocratie, ne représentent point un état de conscience de l'humanité. Une étape sociologique a été franchie, mais ce n'est pas eux qui l'ont franchie ; eux, sont encore dans ces périodes obscures de l'évolution, où les hommes sont des mineurs, incapables de contribuer à la confection d'aucune sorte de droit public. Mais comme ils sont la plus grande partie de l'humanité, leur impuissance laisse une énorme lacune dans l'œuvre juridique qui vient de s'accomplir sans eux. Le Droit, bien que sans cesse progressant et devenant peu à peu plus humain, plus libéral, reste factice, faussé ; son but immédiat, dans la pratique, reste toujours la conservation de privilèges.

Après un temps plus ou moins long, les défauts de l'idée dominante se révèlent, elle devient impropre à guider la marche de l'humanité : de nouveaux faits se produisent, une nouvelle idée se lève qui prétend détrôner l'ancienne. Cette dernière résiste, dure, s'obstine, avec les intérêts qu'elle représente, et prolonge son empire, longtemps après que les faits et l'esprit qui lui avaient donné naissance ont subi des modifications profondes, impliquant un ordre de choses tout différent.

L'idée républicaine ou démocratique moderne n'a pas échappé à cette loi. Elle avait une mission historique précise, que son origine bourgeoise explique sans en diminuer la grandeur, fonder la liberté politique et l'appuyer sur une égalité politique qui pouvait aller jusqu'au suffrage universel. Cette tâche remplie, malgré la noblesse de son élan, malgré la hauteur philosophique de son principe, elle ne pouvait pas aller plus loin, sans compromettre les intérêts de la classe dont elle était l'émanation. Il fallut marquer une halte. Comme toutes les autres idées dominantes, l'idée démocratique bourgeoise ne pouvait plus que s'efforcer de conserver sa suprématie, au milieu de faits nouveaux qui engendraient une idée nouvelle.

Les socialistes s'en sont bien aperçus; mais ils n'ont pas su conclure. Ils voyaient bien que le développement des phénomènes économiques, qui ont mis à notre époque dans un si puissant relief, la lutte du Travail et du Capital, a créé une situation fort différente de celle qui existait à l'époque de la Révolution française.

Ils sentaient bien que si la démocratie bourgeoise a dû se débarrasser, dans la pratique, des guirlandes sentimentales et philosophiques dont elle s'était parée au début, c'est que sa conception juridique, réalisable tant qu'il ne s'était agi que de définir les droits des citoyens, ne pouvait plus s'adapter à d'autres droits, bien autrement sérieux, que le prolétariat commençait à revendiquer.

Ils se rendaient compte de l'impuissance de l'idéal bourgeois, rétréci dans la réalité, débordé par le socialisme, et cependant ils restèrent ses dévôts. Ils furent victimes d'une pure abstraction philosophique, au sein de laquelle se trouvent les germes du Droit, non encore différenciés.

Le principe abstrait de la République est aussi bien celui du socialisme; avec un peu de bonne volonté on en ferait aussi celui du christianisme. Cette puissance singulière des abstractions sur l'esprit du peuple a été signalée par quelques écrivains modernes, entre autres par M. de Laveleye; elle accrédite dans les masses cet idéalisme flottant des théoriciens et des utopistes, contre lequel a voulu réagir Karl Marx. C'est un idéalisme vaporeux, sans bases scientifiques, facile à retenir, parce qu'il n'exprime que des sentiments, et qui va de pair avec l'esprit le plus terre à terre, le plus borné, dans les circonstances ordinaires de la vie. Il épargne aux paresseux la peine de réfléchir, aux violents le devoir d'être tolérants, et il donne aux imbéciles des apparences d'hommes de principes qui peuvent faire illusion autour d'eux.

Cette fois cependant, l'amour de l'abstraction, qui soudait, malgré tant de désillusion, tant de sanglantes défaites, le prolétariat à la bourgeoisie, le mouvement révolutionnaire à un parti de conservation sociale, s'appuyait sur deux faits d'une grande importance.

Si l'enseignement que nous avons reçu de la démocratie républicaine bourgeoise continue de dominer notre esprit : si nous continuons à croire, comme les bourgeois, à la supériorité de l'action politique, si nos yeux sont toujours braqués comme les leurs sur le pouvoir central et sur le

Parlement, c'est pour les deux raisons suivantes : 1° L'idée et les intérêts antérieurs à la Révolution et que la bourgeoisie a vaincus, mais qu'elle n'a point totalement anéantis, réussissent à s'allonger démesurément au milieu de la société moderne et à l'embarrasser de leurs appendices plus étranges que menaçants. Ce n'est plus une idée dominante qui se prolonge au-delà des faits qui lui donnaient sa raison d'être historique ; c'est une idée condamnée, frappée à mort, dont l'agonie dure depuis plus d'un siècle et qui se démène dans un élément qui n'est pas le sien, comme un crocodile à terre dont on a entravé les pattes.

On entend parler de cléricalisme, de césarisme, parfois même de monarchie, comme si les racines desséchées, que ces institutions peuvent avoir conservées dans notre pays, offraient encore un réel danger ; 2° la révolution bourgeoise n'a pas été complètement endiguée par le *veto* des intérêts matériels. C'est bien assez qu'ils aient rabattu sur le terreplein de la réalité toute la volée des idéologues généreux. L'idée républicaine avait monté trop haut et avait eu trop d'éclat, pour qu'il fût possible de la convertir complètement en une vulgaire cuirasse, pour protéger les spéculateurs et les bêtes féroces du Capital, agrémentée de colifichets humanitaires pour amuser le bon prolétariat. Il fallut faire un départ entre les nécessités sociales du présent qui défloraient, qui rabougrissaient le champ d'action de la République, et des aspirations nobles que le peuple n'aurait point abandonnées. Le suffrage universel fut établi.

Il est donc resté un lien entre la bourgeoisie et le prolétariat, une raison d'agir en commun pour combattre un ennemi commun, et il y eut en même temps un moyen d'action commun, qui permet aux prolétaires comme aux bourgeois d'espérer la conquête du pouvoir politique. Les ouvriers ont aidé les bourgeois à repousser le cléricalisme et à défendre la République, contre les tronçons remuants de la queue des vieux partis réactionnaires. On peut dire que ces débris disjoints du passé ont rendu à la République le plus grand des services, en mettant à sa disposition une grande partie des forces socialistes. On ne pouvait même pas expliquer ou rectifier cette attitude, en faisant planer au dessus la lutte de classe, car la lutte de classe, concentrée sur le terrain de l'action politique, y conservant des procédés bourgeois, des espérances bourgeoises, perdait les trois quarts de sa véritable signification : les discussions n'y peuvent rien.

La réaction historique a donc été la cause de la division actuelle du parti socialiste, c'est elle qui a fait entrer un socialiste au ministère, c'est elle qui a donné à chacune des fractions opposées le désir de dominer l'autre pour faire prévaloir ou l'intérêt politique de la République ou l'intérêt social du prolétariat. Aussi, le cléricalisme et la réaction militariste ou césarienne, bien loin d'être un péril pour la République bourgeoise, sont au contraire une des principales conditions de son existence, car ce sont ces partis, et uniquement eux, qui soumettent encore le prolétariat au pouvoir et aux méthodes politiques de la classe bourgeoise. Si ces revenants disparaissaient de la scène politique et que le prolétariat, ne les voyant plus, cessât de former l'armée de réserve du parti républicain bourgeois, s'il ne voulait plus s'inspirer que de son idée propre, s'il ne voulait plus fixer que son but à lui, et non regarder à travers les lunettes des autres, c'est alors seulement que la République bourgeoise et son ordre social commenceraient à entrer dans l'ère des difficultés sérieuses. Ce temps est proche. Une réaction qui entretient péniblement, à notre époque, l'esprit du moyen âge, des croyances dont le ridicule n'échappe même plus aux enfants, des enthousiasmes forcés pour des fictions démasquées, ne pourra pas toujours se faire prendre au sérieux. La peur que l'on affecte de voir se restaurer des régimes, qui ne répondent plus à aucune des réalités sociales actuelles, ne pourra pas toujours faire substituer les menaces des fantoches aux périls du présent. Trop de révolutionnaires vieux jeu, qui ne connaissent que les traits saillants de la question sociale et sont incapables de l'analyser, ont acquis de la réputation à bon marché, en tournant et en retournant sur toutes les coutures les vieux épouvantails si utiles au gouvernement bourgeois. Leurs dupes commencent à se lasser. Il faudra bien que tous les socialistes se décident un jour à être socialistes *avant tout*, à marcher droit dans la route du socialisme, et non dans celle des partis politiques, qui trouvent toujours des prétextes pour embrigader les socialistes et leur faire jouer des petits rôles secondaires, sur une scène où nous avons subi assez d'humiliations et reçu assez de soufflets.

Reste le moyen d'action commun, le suffrage universel.

Nul doute que le suffrage universel soit le plus fécond, le plus précieux des droits politiques, mais ce n'est qu'un droit politique. Il nous permet d'agir sur l'État, mais non pas d'en modifier le caractère, ce qui ne peut résulter que d'une révolution sociale.

Jusque là, il demeure dans son ensemble routinier et conservateur, non pas qu'il préfère telles idées à telles autres, tel régime à tel autre, mais parce qu'il pense peu et qu'il a, comme tous les êtres primitifs, la religion de la Force. Il est pour Bonaparte, pour Thiers, pour Boulanger, c'est-à-dire pour le plus fort ou pour celui qu'il croit le plus fort. C'est une vérité trop connue pour qu'il soit nécessaire d'y insister. Il ne sera donc pas socialiste avant la Révolution sociale. Il ne peut donner au parti socialiste, dans les corps élus, que des minorités de plus en plus importantes. C'est beaucoup, et c'est assez pour attendre. Il ne faut même pas compter sur le suffrage universel, pour obliger le Parlement à placer au premier plan de ses préoccupations la question sociale.

Les parlements modernes, comme les gouvernements, représentent la pensée et les intérêts de la classe dominante. Leur fonction de critique ne dépasse point la limite des faits que contemple le droit public en vigueur. Tant que dure l'état actuel, ce droit ne peut s'étendre aux faits économiques et sociaux. Les parlements politiques n'ont donc point qualité pour pénétrer dans ce domaine interdit.

Comment pourraient-ils le faire? Le suffrage universel actuel est parfaitement approprié aux principes de la Constitution politique; l'égalité qu'il nous assure, réalité dans l'ordre politique, n'est plus qu'une fiction dans l'ordre social.

Il englobe et fait fusionner dans une circonscription électorale les intérêts les plus opposés et les plus divers, des classes inégales et ennemies, des exploiteurs et des exploités.

Est-il possible de faire sortir de cet ensemble disparate autre chose que des représentants d'une collectivité de hasard, sans lien, sans unité de pensée, et dont la fonction législative ne peut embrasser les faits d'ordre économique et social, puisque ces députés ne sont pas mandatés par les intérêts spéciaux, concrets, aux prises dans la réalité sociale.

Même les députés socialistes, élus là où les travailleurs sont assez nombreux et assez conscients, ne peuvent, qu'à grand peine, conserver dans un Parlement politique leur caractère de représentants d'une classe et non d'un coin du territoire.

A vrai dire, même avec la plus grande énergie, il leur est impossible de s'acquitter de leur tâche. Souvent, on reproche à telle ou telle organisation socialiste d'avoir permis, pendant qu'elle maintenait son programme intégral dans son action générale, que ses candidats dans une région où ils avaient à redouter des influences hostiles, adoptassent une tactique prudente et fissent des concessions à l'ennemi.

Mais ces compromissions locales, de même que la compromission d'une fraction tout entière, qui dans certains cas s'allie avec les bourgeois, prouvent simplement que l'action politique est pleine d'embûches et de guet-apens pour les socialistes, contre lesquels ils ne peuvent se tenir en garde, qu'à la condition qu'ils sachent bien qu'elle n'est pas l'action supérieure du socialisme, et que le suffrage universel ne peut leur donner que des succès de détail. La lutte électorale n'est même pas une occasion de propagande, parce que le suffrage universel suit beaucoup plus les gens qui savent vaincre, n'importe comment, que ceux qui font des discours. Le prolétariat organisé finira par sortir de ces chemins dangereux, qui ont été tracés par d'autres, et où il trébuchera toujours. Il comprendra qu'il peut, quand il se sentira majeur, s'élever au-dessus de tous les partis et de leurs gouvernements. Il comprendra qu'il peut former, avec ses mandataires propres, représentant, non pas une découpure du territoire géographique, mais toutes les catégories professionnelles de chaque région, la seule assemblée où se trouveront réunis tous les intérêts concrets du pays et l'opinion réelle de tous les intéressés. Seul, le suffrage universel organisé socialement, non plus politiquement, peut faire la Constitution sociale.

V

LE BOURBIER DONT IL FAUT SORTIR

Les partis politiques, comme les religions organisées, étant condamnés à greffer leur idéal sur la réalité, finissent, malgré toutes les déclarations des droits de l'homme et tous les évangiles, par n'être plus que des coalitions d'intérêts. Les socialistes s'organisant en parti politique devaient être contraints d'en faire autant.

Mais ce sont les intérêts seulement dont la défense implique en même temps celle de la société, qui peuvent raisonnablement espérer que la force publique mise à leur disposition, dès qu'ils occuperont le pouvoir, deviendra leur égide et leur suprême ressource. L'Etat dispose de la force publique pour conserver la société; il lui est indifférent de remplir cette fonction au profit d'un parti plutôt que d'un autre, pourvu que le parti au pouvoir soit une représentation suffisante des intérêts dominants. Les circonstances ont parfois modifié, à la surface, la conscience des bourgeois; ils ont cru pouvoir se prêter à diverses entreprises politiques, mais ni la Restauration, ni la Monarchie constitutionnelle, ni l'Empire n'ont changé le droit public établi par la Révolution. Aucun de ces régimes n'aurait pu réorganiser la société sur les bases d'avant 89.

La bourgeoisie restait la véritable souveraine, ses intérêts demeuraient de beaucoup les plus importants, et la République, qui est l'expression la plus logique de sa conscience, existait virtuellement, malgré toutes les tentatives de raccommodage monarchique qui ont eu lieu au XIXe siècle. Il n'y a donc rien d'étonnant à ce que les républicains bourgeois soient remontés au pouvoir, dont les coups d'état les avaient chassés momentanément. Il est tout naturel qu'ils aient pu reprendre la direction de toutes les institutions politiques, qui pendant l'éclipse provisoire de leurs véritables inspirateurs, n'avaient subi que des modifications superficielles, qui n'en altéraient point le caractère. C'était toujours l'intérêt matériel supérieur qui s'imposait. C'était toujours l'adaptation de la force à la conception bourgeoise du Droit.

Au contraire, les intérêts que représentent les socialistes sont ceux des plus pauvres et des plus malheureux. Ce ne sont point des intérêts conservateurs, et les socialistes avant de penser à s'emparer de la force publique, sont obligés de créer et d'opposer une force révolutionnaire à la force conservatrice qui se dresse devant eux.

Cette force révolutionnaire qu'ils ne trouvent point dans les faits, où la trouveront-ils, si ce n'est dans les idées, dans les consciences? Il faut donc qu'ils possèdent avant tout la Force morale. Or, si l'action politique reste l'action supérieure du socialisme, et si la conquête du pouvoir politique est toujours considérée comme la principale condition de l'affranchissement du prolétariat, la force morale qui nous est indispensable ne nous viendra pas. Dans l'escrime à corps perdu, à laquelle il faut se livrer, pour enlever à nos adversaires un peu de la force matérielle dont ils disposent dans le présent, ce sont surtout des intérêts actuels, des passions actuelles qu'ils font grouper et enflammer hâtivement. Les socialistes, n'ayant ni le choix des armes, ni celui du terrain, sont obligés d'agir comme les bourgeois, avec des éléments insuffisamment préparés, et avec des moyens sur le choix desquels on ne peut pas se montrer trop difficile, parce que rien ne vaut, dans un combat de ce genre, la défaite de l'adversaire. Fatalement, l'idée de la force convoitée précède celle du droit à établir; en attendant d'être des apôtres, on se contente de ressembler à des sauvages, qui veulent s'emparer d'une massue pour assommer un ennemi.

On fait ce qu'ont fait tous les partis politiques, tous les dominateurs des hommes; on veut d'abord être les plus forts. Après, on verra pour le reste. On ne s'aperçoit pas qu'on veut marcher vers l'avenir, en gardant un pied dans la barbarie, en conservant la conscience inférieure des hommes du passé.

Et comment groupera-t-on les intérêts dont on prend la défense, si l'on n'a pas suffisamment mis en lumière l'idée morale et juridique supérieure qui les dominera tous, qui les réunira et les obligera à marcher dans la même voie? Si on pouvait les organiser, la Force morale ne ferait plus défaut aux socialistes, mais ils ne s'organiseront pas par leur propre vertu. L'intérêt est matériel et personnel, il n'est collectif que relativement et conditionnellement, parce que l'intérêt d'un homme et celui d'un autre homme ne sont jamais complètement identiques, et ne s'accordent jamais plus loin que le point dirimant où ils se contrarient.

Pour réconcilier des hommes d'un même parti dont les intérêts deviennent contraires, on ne pourra pas faire appel à des principes moraux dont on ne fait aucun cas et qui ne sont même pas reconnus. On ne suppléera pas à ces principes par des décisions ou des statuts, qui ne sont que des règles de tactique et des bases d'organisation.

Ces choses-là n'engagent pas la conscience. Quand on exclut et condamne ceux qui ont enfreint des réglements, ce n'est pas le socialisme qu'on défend, ce n'est pas l'idée sainte et sacrée qui fait loi, ce sont les intérêts spéciaux d'un parti ou d'une fraction de parti. On n'a rien à mettre au-dessus des intérêts, et par suite, on n'a rien pour empêcher le désordre et la désunion dont ils sont toujours infailliblement les promoteurs à un moment donné. Que faire pour unir les hommes et tirer de leur union la Force morale? Tout le monde sait que pour obtenir ce résultat, il faut placer les hommes en face d'un devoir, auquel ils ne peuvent manquer sans déshonneur. Les plus matérialistes et les plus déterministes des révolutionnaires, ceux à qui tout idéalisme déplaît, en conviennent aussi bien que les autres; les anarchistes eux-mêmes n'admettent pas qu'un homme suive son penchant, si, en suivant son penchant, il déserte leur cause. Dans ce cas, ils le signalent au mépris de leurs coréligionnaires comme de vulgaires moralistes.

Mais, ce devoir si nécessaire où le trouvera-t-on? Où trouvera-t-on des raisonnements convainquants, pour recommander le dévouement et l'abnégation? Le dévouement et l'abnégation, pourquoi faire? Pour servir les intérêts des autres?

Notre parti, fractionné et s'épuisant prématurément dans les luttes politiques, démontre tous les jours qu'il ne sait où trouver la règle supérieure dont il a besoin.

Jamais dans le monde des forces et des intérêts, jamais, par conséquent, dans un parti politique, on ne trouvera le principe du devoir. On ne le trouvera pas davantage dans un idéal utopique et comme révélé. Mais on le trouvera dans un idéal, qui bien que dégageant des leçons de la réalité, la dominera au lieu de se laisser dominer par elle. Il ne sera asservi à aucun intérêt. Des consciences l'auront découvert et les consciences le prendront pour guide.

En l'absence de cette haute lumière, dans toute lutte humaine, à chaque instant, on a besoin de recourir au mensonge, à la perfidie, à la haine, à l'envie, à la vanité.

A qui fera-t-on croire qu'on puisse faire de la politique, sans faire appel à toute cette boue, à toutes ces horreurs? Ces accusations de compromission et de défaillance qu'on se renvoie réciproquement sont risibles, tant que personne ne détient la doctrine pure, le diamant immarcessible qui servirait de critérium. Quant à ceux qui prétendent ne pas tenir au succès, ils disent une bêtise, car dans la confusion des principes toujours contestables, la meilleure propagande est celle qui s'affirme par le succès.

Et ce ne sont pas seulement les partis qui recherchent le succès avant tout, les individus en font autant pour leur propre compte, car on n'est plus lié à un parti qui n'est qu'une coalition d'intérêts, quand ce parti vous demande le sacrifice de votre intérêt particulier.

Rien de plus naturel. La grande politique engendre une infinité de petites politiques individuelles, où les principes socialistes servent de façade.

Pourquoi le vaniteux bête et bruyant qui se met à avoir de l'ambition s'effacerait-il devant un de ses pareils piqué de la même tarentule? Qui donc se permettrait d'apprendre quelque chose à l'un de ces avortons en ribotte, qui a fabriqué lui-même dans sa tête tout le plan de la réforme sociale? Le droit c'est lui, le parti, c'est lui, le principe c'est lui; les traîtres, ce sont ceux qui ne pensent pas comme lui. Il trompe les autres et il ment sans même s'en apercevoir. C'est la division à l'état latent, non seulement entre des partis ayant le même but, mais entre des fractions et des sous-fractions de ces partis.

C'est ainsi qu'en période électorale, les candidats qui se recommandent des mêmes principes ajustés à leur marotte particulière pullulent, foisonnent, et comme une nuée de mouches charbonneuses ayant sucé la même charogne, empoisonnent le pays tout entier de la bave putride de leurs calomnies et de leurs injures? C'est ainsi qu'on fait des Congrès pour se tendre des pièges, s'opposer des manœuvres, pour *rouler* l'adversaire, qui pourtant est un compagnon de lutte. C'est ainsi qu'un homme qui, un moment auparavant semblait plein de droiture et de bon sens, se transforme tout d'un coup en chien enragé, doute de tout le monde, et dans son absurde frénésie menace même ceux qui ne lui ont donné aucun sujet de plainte.

Personne ne pense plus à étudier quoi que ce soit, on a à peine le temps nécessaire pour échanger des injures et pousser des hurlements. Ah! la belle égalité que nous prépareraient tous ces conquérants pressés de pouvoirs publics. Nous serons tous idiots, tous crétins, et nous partagerons tous ensemble dans un Bicêtre universel le triste pain que nous permettra de pétrir encore le peu de temps que nous n'emploierons pas à nous calomnier et à nous déchirer. C'est du socialisme ça! Si la race française n'est pas en pleine décadence, il est au moins étrange qu'il soit si difficile de faire comprendre à des socialistes, que toutes ces haines, toutes ces colères, toutes ces pensées vides réunies ensemble, en face de la bourgeoisie, ne servent qu'à la rassurer et que, grâce à ces beaux exploits d'imbéciles, elle conservera longtemps encore la vieille peau d'ours usée, pour laquelle on se querelle bien inutilement. La leçon est suffisante. Espérer qu'on pourra faire une unité sérieuse du parti socialiste, tant que nous ne faisons, comme les autres partis, que grouper des forces et des intérêts, tant que nous perdons notre temps à discuter des questions de tactique politique ou des incidents parlementaires ou ministériels, c'est s'abuser grossièrement. Il n'est nullement nécessaire d'être unis, pour se consacrer exclusivement à de telles besognes; l'union dans ce cas est au contraire très gênante. Chaque petite église préférera toujours régler elle-même ses petites cérémonies, sans rendre de comptes à personne. Chacun peut, dans son intérieur respectif conserver son saint sacrement vert-de-grisé, qui est le meilleur, qui est hors concours. C'est si bon pour les ignorants de s'admirer soi-même, de se donner raison, de condamner les autres et d'éviter ainsi les jugements défavorables de la grande foule. C'est de la politique ça et de la vraie.

Pour faire l'unité du parti socialiste, la première condition c'est de créer une unité de pensée dominant l'action générale, s'imposant par son élévation au-dessus des contingences, et créant avant tout une force morale. Toutes les méthodes d'action deviendraient des nécessités du milieu, des entreprises de circonstance et non des applications du principe supérieur du socialisme. Or, l'unité de pensée ne nous viendra jamais dans l'action politique; le socialisme, dans la dépendance d'un gouvernement, reste dans l'ornière du passé, il humilie son idéal devant la plus prosaïque des réalités, il ne se guide plus lui-même, il ne marche plus dans sa voie propre. D'autre part, le socialisme, parti politique aussi autonome qu'on voudra, mais s'acharnant, se passionnant surtout pour la conquête des pouvoirs publics, est amené à confondre l'Etat actuel, qui ne peut être utilisé par des socialistes, avec l'ordre de choses qui ne peut résulter que de la Révolution sociale : il a des rêves de force et d'autorité qui le corrompent et arrêtent son essor. Il ne se débarrasse pas de l'esprit qui anime la société moderne, de la loi de fer de la concurrence; concurrence des classes, des partis et des individus; férocité raffinée du civilisé qui persécute, torture, détruit de près ou de loin, son semblable qui lui fait obstacle.

Qu'oppose-t-on à la société bourgeoise? Sa propre idée, ses procédés, ses vices.

Et comment la vaincre, si on l'imite, si on lui obéit, si c'est elle qui nous détourne vers son marécage et qui nous engloutit dans sa moisissure?

Non! il n'y a ni conciliation, ni confusion possible, entre le principe de la société bourgeoise et celui du socialisme. L'un dévorera l'autre.

On peut préconiser des solutions pacifiques ou prévoir la nécessité d'employer la force révolutionnaire, peu importe. Mais ce qui est essentiel, c'est que le principe du Droit social soit absolument dégagé de l'esprit et des institutions de la société actuelle, c'est qu'on sache bien que l'ordre socialiste ne peut pas être édifié sur les substructions de l'ordre capitaliste. Assez de mixtures nauséabondes.

Le socialisme ne peut plus oublier qu'il n'est pas seulement une force,

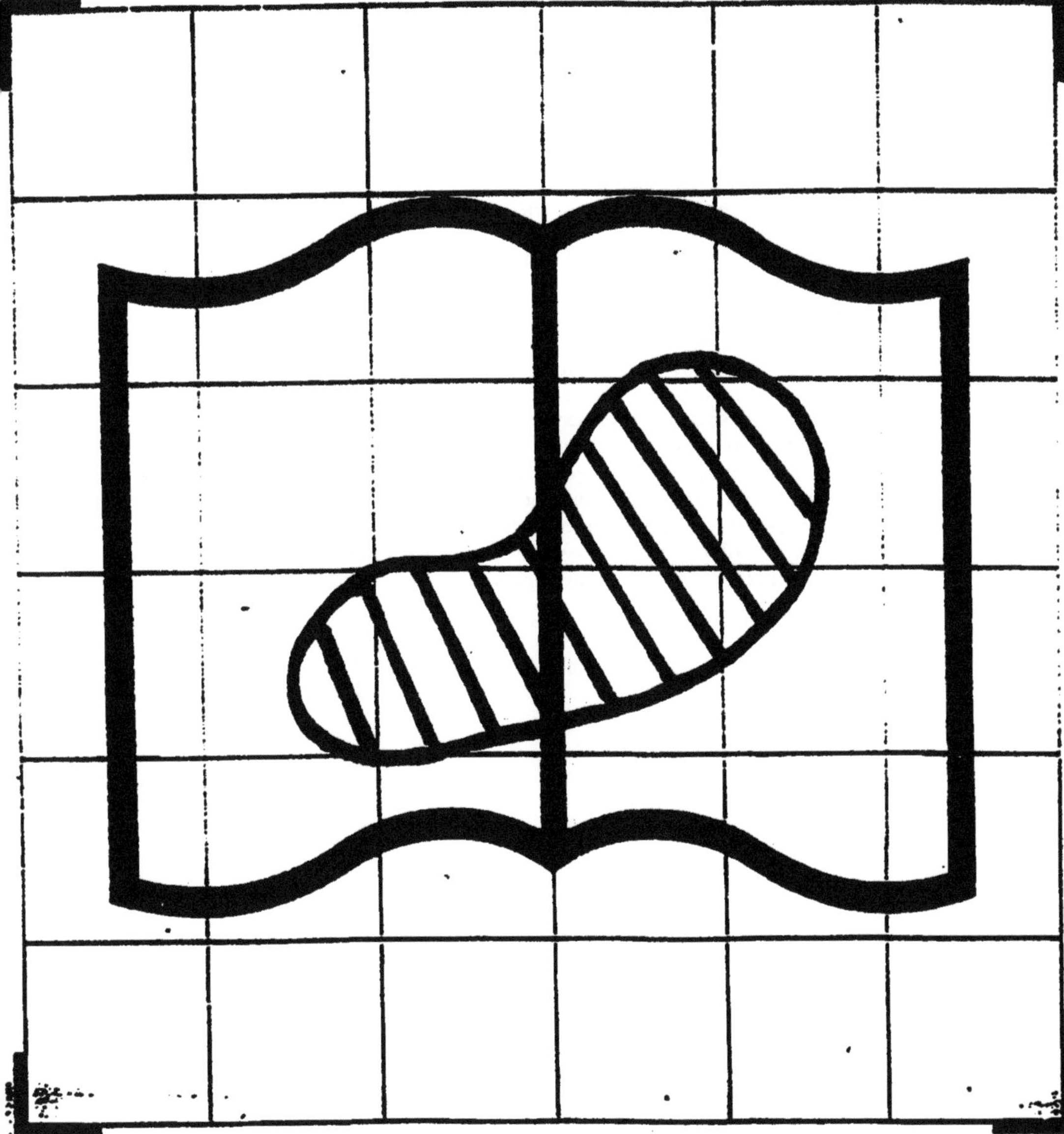

et qu'il est bien autre chose qu'un simple parti politique, car il s'est donné pour tâche la délivrance de tous ceux qui souffrent. Il ne doit plus méconnaître sa propre supériorité morale, qui fait de lui la religion humaine par excellence, qui l'oppose à toutes les injustices, à toutes les douleurs, à tous les mensonges.

Ce n'est pas faire de la métaphysique inutile, que de dire maintenant, que la réforme sociale ne peut être faite ni par un gouvernement, ni par un parti politique, attendu qu'elle implique des formes juridiques nouvelles, étrangères à toutes les institutions actuelles, et un esprit qui ne peut pénétrer dans l'Etat actuel qu'en le détruisant de fond en comble.

Ce n'est pas remuer de vaines théories, que de reconnaître que les progrès à introduire dans les lois et dans la constitution politique sont de bons fruits à recueillir çà et là sur la route; mais que la grande moisson finale sera faite, comme le voulait l'Internationale, non par les hommes d'un parti qui auront su s'exercer à la manipulation des engins suspects de la politique, mais par les travailleurs eux-mêmes, donnant eux-mêmes, avec leur conscience, leur expérience et leurs connaissances techniques variées, une constitution à la société. Ces points de doctrine sont aussi des règles de tactique, car ils font connaître, non seulement des principes généraux que tout le monde accepte déjà, mais une direction de l'effort général qui n'a encore jamais été nettement indiquée, jamais hautement proclamée. Elle est pourtant la condition *sine qua non* de l'unité socialiste, le labarum grâce auquel on ferait de ce grand projet une réalité, car tant que le parti socialiste ne sera qu'un parti politique; on ne fera jamais de véritable unité.

TABLE

Tours. — Imp. Deslis Frères, rue Gambetta, 6.

www.ingramcontent.com/pod-product-compliance
Ingram Content Group UK Ltd.
Pitfield, Milton Keynes, MK11 3LW, UK
UKHW012117240726
13965UKWH00005B/1799

9 782013 381697